오동나무, 연꽃 품다

문장시인선 025　　**김용탁·이현동 시집**

오동나무, 연꽃 품다

인쇄 | 2024년 6월 3일
발행 | 2024년 6월 5일

글쓴이 | 김용탁 이현동
펴낸이 | 장호병
펴낸곳 | 북랜드
　　　　06252 서울 강남구 강남대로 320, 황화빌딩 1108호
　　　　41965 대구 중구 명륜로12길 64(남산동)
　　　　대표전화 (02)732-4574, (053)252-9114
　　　　팩시밀리 (02)734-4574, (053)252-9334
　　　　등록일 | 1999년 11월 11일
　　　　등록번호 | 제13-615호
　　　　홈페이지 | www.bookland.co.kr
　　　　이-메일 | bookland@hanmail.net

책임편집 | 김인옥
기　　획 | 전은경
교　　열 | 배성숙 서정랑

ⓒ 김용탁 이현동, 2024, Printed in Korea
저자와의 협의하에 인지를 생략합니다.

ISBN 979-11-7155-072-3　03810
ISBN 979-11-7155-073-9　05810 (e-book)

값 12,000원

문장시인선 25

오동나무, 연꽃 품다

김용탁·이현동 부부 시집

북랜드

시인의 말

여든에 우리 부부는 저녁노을이
산정에 물드는 것을 시경詩經처럼 읽는다.
눈을 뜨면 새롭고 잠이 들면 적막하다.
세상 부부가 다 그렇듯, 때론 삐걱대기도
때론 복에 겨워 허송虛送 세월을 보내곤 하였다.
호호백발에 돌아보니,
물처럼 흘려버린 시간이 가장 아깝다.
새삼 자식들이 늙은 부부의 스승임을 알겠다.
하나님의 은혜를 생각하지 않는 날이 없다.
보이는 것도 보이지 않는 것도 다
그분의 역사하심을 미루어 짐작한다.
홀로 깨어있어야 시인데, 어둡고 아득하다.

이천이십사년 오월

차례

• 시인의 말

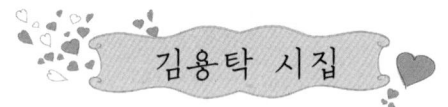
김용탁 시집

1 부부

부부 … 12
오동나무 … 13
평광지池의 사계 … 14
연꽃 … 16
여명黎明 … 17
민들레 … 18
삶 … 20
유호연지柳湖蓮池 군자정君子亭 … 21
세모歲暮 … 22
귓도리의 노래 … 24

2 가재잡이

동행 … 26
동화대월東火大月 … 27
봄은 오는데 … 28
섬진강 … 30

가재잡이 … 32
갈모를 쓰고 오실까 … 34
가을 마비정 … 35
아쉬운 농사 … 36
까치집 … 37
추억의 종소리 … 38

3 詩가 오려나

구름 가족 … 42
그분 … 43
군것질 … 44
피란 … 46
바다 승마장 … 48
누가 신고 좀 … 50
입춘 … 51
찔레꽃 추억 … 52
詩가 오려나 … 54
사랑의 방정식 … 56

| 해설 | 선비와 달빛/ 김동원 … 58

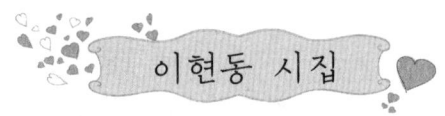
이현동 시집

1 유등지 군자정

유등지 군자정 … 74
장맛비 … 76
솟을대문 … 78
아랫목 … 79
하얀 초롱 등불 … 80
쪽진 그리운 울 할매 … 82
사랑을 전하는 손 … 84
현모양처 유효기간 … 86
부부 세레나데 … 88
학산의 새벽 … 89

2 시詩

시詩 … 92
하늘 시집 … 93
한밤중 … 94
시집사리詩集思理 … 95

신인 작가상 오행시 … 96
물만 먹고 살아요 … 97
무릉도원 … 98
딴지 걸다 … 100
빈손 … 101
벼락치기 … 102

3 벽화마을 시댁

속삭임 … 106
일장춘몽 … 107
날갯짓 … 108
황금기 … 110
벽화마을 시댁 … 111
나라님 도깨비불 … 112
죽마고우 다섯 동창 … 114
부부 준령 … 116
우얄라꼬 … 118
헤매다 잡은 놈 … 120

| 해설 | 유호연지 柳湖蓮池에 핀 노래/ 김동원 … 122

김용탁 시집

1
부부

부부

구구구 짝지를 구하려고
힐끔힐끔 쳐다보는 비둘기들

공원 마당에 그 많은 놈 중에서도
자기 짝지는 잊지 않지요

누구는 불시에 제 짝을 잃고
밤마다 그리워 이름을 부른다는데

언젠가 가버릴 그대를 찾으려고
두 눈에 눈물을 글썽일 때면

임 그리워 울며 다니는 나는
산 접동새*와 비슷하리

부디 소중한 인연 귀하게 여기며
한평생 눈물 없이 살고 지고

   * 정서 정과정(고려가요)

오동나무

오동나무 열매는 알각달각하고요
큰아기 젖가슴은 몽실몽실하지요

옛날에는 딸 하나 낳으면 오동나무
한 그루 심어 출가할 때 장롱 해 주었지요

그 나이테엔 아름다운 달빛과 부드러운
바람이 숨어 있어 거문고 가야금 소리가 나지요

무늬 가운데 길이 방향으로 구멍이 있어
잘라버린 새순을 키우면 소리가 되지요

오뉴월 작은 종 모양의 보라 꽃이 피면
온 마을 오동나무 향기에 취하지요

시월 가지 끝 열매는 연두색 열매
작년 것은 까만색 노래가 되지요

오동나무 열매는 알각달각하고요
큰아기 젖가슴은 몽실몽실하지요

평광지池의 사계

늦가을 고요한 수면 오색 노을
둑 위쪽 잘 익은 고운 사과
수채화를 그렸네

수풀 속에 놀던 오리 삼 형제
삼각 물결 그리면서 찰방찰방
늦가을 수영 대회를 열지요

흰 눈은 꽁꽁 언 얼음 위에
동지에 쓸 쌀가루를 뿌리고,
우수 경칩 지나니 겨우내 조용하던
평광지池 부산해졌네

성급한 강태공 찌만 쳐다보고 앉았고
가족 앞세우고 물질하는 오리는
이른 봄 대가족이 되었네

머잖아 올챙이 떼들과
수많은 치어도 수초 속에서
꼼지락꼼지락 숨바꼭질하겠지

하지가 지나면 물속
붕어들 살찌는 소리에
강태공들의 입맛 돋우겠네

연꽃

수많은 시인 묵객 찾아든
유등지 군자정 처가 연꽃
아내가 시집올 때 가슴속에
피어있던, 그 분홍 연꽃

홍련 백련 진흙 속 고고히 자라
물 위에 꽃빛 피어나면,
아리따운 딸애들 얼굴도
연잎 위 이슬 같은 웃음 되리

연둣빛 수양버들 연못에 드리우면
고추잠자리, 왕잠자리
노을빛 붉은 시를 허공에 쓰네

여명 黎明

별빛은 높게 높게 붓질을 한다
그 새벽 수많은 화폭에
희뿌연 운무가 덮인,

산 능선 마루는 검은 곡선
달빛이 그리고 간 여백에
어두운 물감이 밤하늘에 번졌다.

순간, 산 위에 솟은 붉은 해 하나
한 폭 고운 수채화가 된다
보라, 여명이 그리고 가는 저 붓질을!

민들레

발밑에 초록 톱니 잎새 무언의 항변
노오란 꽃바퀴 꽃대에 받들어 올려
밟혀도 방긋이 웃고 나오네

바람 타고 물 건너온 노란 꽃
꽃말은 다 같이 행복
낙하산 하얀 솜털을 쓰고

씨앗 달고 나온 홀씨
꽃말은 이별
그 가벼운 영혼의 날개

노랑 놈은 지천인데
간간이 섞인
흰 놈은 고깔모자 썼네

성경에도 씨앗의 파종 장소 따라
발아 성장이 다르다는데,
공중에서 내려온 놈 어딘들 안 떨어질까

개울에 떨어져도 바다까지 흘러가는 놈
모래톱, 비옥한 갯벌에 모인 그놈들
저들끼리 어촌을 이루겠지

우리도 한날한시 태어나도
어디서 어떻게 자라냐에 따라
빈부 귀천이 천차만별

삶

내일도 모레도 작업 도구
배가 부른 가방을 들고 지고 끌고
삶의 전선으로 내 가족을 위하여

이른 새벽 습관적으로
눈 뜨고 일어나 세수 후
가벼운 아침상 고마움을 느끼며

숨을 몰아쉬고 빈자리 앉아서
모두 나보다 더 바쁘게 움직이는
돌아가는 세상을 본다

얼마나 시간은 빨리 가는지
창밖에는 매화가 피었는데
저마다 핸드폰만 들여다본다

삶이란 무거운 짐 같은 것
오늘도 무사히 뜻대로 이루어져
저녁 무렵 가족 있는 곳으로 돌아가겠지

유호연지柳湖蓮池 군자정君子亭
―십육 대 宗壻가 삼가 감축드리며

청도 유등리 유호연지 입구에 자리한

군자정은 오백 년 유서 깊은 정자

대청마루 너머 여름 소나기

연잎 두드리는 소리 눈 귀가 즐겁다

달 밝은 밤 담장 너머로 낚싯대 드리우고

연꽃 사이로 넘어오는 맑은 연향 맡으며

소주 한 잔 기울이면, 이백, 두보 부럽잖다

어쩌다, 시 한 놈 낚싯줄에 퍼드덕 걸리면

약주 한 상 더 들여놓고, 허허 웃던

백 년을 넘긴 君子亭 講學契의 한학자들

시 낭송 소리가 아직도 추석 후 삼 일

追遠齋의 드넓은 마당에 그득 울린다

세모 歲暮

엊그제 발밑이었는데
또다시 세밑이네

세월에 쫓기어
그렇게 빨리 풍류가 지나가나

바람도 시 한 수
눈 내린 저 겨울도 시 한 수

내 삶이 아무리 아쉬워도
책 한 권은 넘겨야지

동지에 팥죽 먹고 나니
시 세 수 더 얹어주네

덧없는 인생길에
고사古辭가 나그네를 달래네

적천금積千金은 만년도
어려우나[千金難買 萬春去]

백발이 오는 데는 백약이
소용없네[百藥無效 白髮來]

귓도리의 노래

귓도리야 귓도리야
어이하여 이 밝은 달밤에
임은 어디에 두고 노래만 부르는고

네 노랫소리에 그렇게도
극성이던 여름은 쫓겨갔건만,
이 잠 못 드는 긴긴밤은 어이하리

떨어진 낙엽 몰고 늦가을 남모르게 와서
푸르른 나뭇잎에 얼굴 붉히며
단꿈 꾸는 구절초 그 꽃대 잡아채네

귓도리야 귓도리야 목이 다 쉬었네
내가 네 님 찾아줄거나
애틋한 노래는 그만 좀 쉬렴

2
가재잡이

동행

지팡이 왼손에 짚고 오른팔 겨드랑이는
양산 든 노부인 손길에 맡겼다.

처음 만났을 때 징검다리 건너며
젊은 남편 고운 부인 손 잡아 주었겠지.

무슨 말 못 할 사연이 있는지
서로가 애틋하게 쳐다본다.

뙤약볕 걷다가 나무 그늘 밑에 앉아
부인은 손수건으로 남편 얼굴 닦아준다.

푸른 하늘엔 흰 구름 흐르는데
아, 저 아름다운 풍경

조금 후 다시 걷는 노부인
노인의 허리띠 잡고 따라 걷는다

동화대월東火大月

집사람 시낭송반에 몇 년을 다녀도
시 한 수 지어 오지 않아서, 내가 동화대월이라도
써 와 보라고 빈정댄 지가 일 년

그 봄날 시낭송반에 같이 가자고 하여
따라나선 지 몇 개월 지나
오늘 저녁 집사람 입이 귀에 걸렸다.

방금 도착한 계간 문장지 신인상 당선 통지서
그 즉시 가족 카톡방에 올리니 축하 문자가
카톡, 카톡, 연신 날아드니 두 눈도 어질어질

이제 동화대월 아줌마가 아닌
시인 이현동 여사라고 부르겠소

동아백화점은 화요일 놀고
대구백화점은 월요일 논다
짓궂게 놀리지 않겠소

봄은 오는데

춘래불사춘春來不似春
이라고 하였지

갈길 바빠 이 봄
돌아보는데

고장 난 기억
고장 난 풍경

아지랑이 유채꽃에
일렁이는데

붉은 노을 서산에 걸려
마음속 준비해야지

밖엔 봄이 왔는데
내 마음은 아직

知止以後 能定*이라네

  * 大學의 經文 첫 구절로 "내가 추구하는 일을 어느 선에서 정지할 수 있다면 (과욕을 하지 않는다면) 뜻하는 일을 잘 이룰 수 있다"는 뜻임.

섬진강

하동 골 평사리 최참판 댁
넓은 바깥마당 입구엔 삽짝이 없어
누구나 들어와서 쉬어가라고

시장하면 오伍를 점하고 가라고
개다리소반에 농주도 한 병
뚝배기와 같이 나왔겠지

사랑채 솟을대문 옆 참판 영감님
담뱃대 두드리며 툇마루에 앉아
기름진 들판에서 농사일하는
소작인들 관리했겠네

안방마님 계시는 안채 큰방엔
모란도 팔 폭 병풍
부귀영화인 양 펼쳐져 있고
부엌엔 밥 뜸 들이는 구수한 내음

중문 오른편엔
밭갈이하고 돌아온
어미 기다리며 길어진 목으로
알 찐 젖을 쭉쭉 빠는 송아지

이 모든 평화로움 아는지 모르는지
드넓은 섬진강물은 경상도 전라도
그 사이사이 쉼 없이 흘러가네

가재잡이

비단개구리 한 마리 잡아
뒷다리 하나 빌려 칡에다 묶고,
산골짝 작은 개울 맑디맑은 웅덩이 큰 바위 밑에
모래를 밀어내고, 작은 구멍 찾아내는 재미

조용히 천천히 미끼를
그 구멍에 밀어 넣어 한 손으로 잡고,
버들치는 놓치고, 소금쟁이는 행간에 풀어 놓고,
온몸은 전기에 감전되듯 긴장되면,

나도 모르게 물속 어린 내 얼굴을 보지요
그때쯤 신호가 오면,
묶여있는 개구리 다리를 가재는
두 다리 집게로 단단히 붙잡고 놓지 않지요

그러면 나는 서서히 칡 줄을 잡아당기고,
가재와의 싸움이 시작되지요.

그 녀석은 정신없이 뒷다리를 먹느라
끌려 나오는 것도 모르고,

나는 온 전신의 힘과 신경을 엄지 검지 줄에 모으고
마침내 주황색 가재 앞다리가 보일 때쯤,
잽싸게 줄을 잡아당겨, 장갑 낀 다른 손으로 잡아채지요.
아, 그 재미 그 행복 누가 알까요.

갈모를 쓰고 오실까

이른 아침부터 쉼 없이 내리네
간혹 꽃가지를 흔드는 실바람
땅바닥엔 꽃비가 내리고

만개한 봄꽃은 벌 나비가 아닌
봄비에 얼굴 가려워 고개 숙이고
오시려는 그분은 이 빗속을

이제나저제나 어떤 모습으로 오실까
잠방이 도롱이 입고 삿갓 쓰고 오실까
두루마기 갓 쓰고 갈모 쓰고 오실까

하마 하고 뚫은 문구멍만 쳐다보며 까맣게
타버린 가슴 안고 목은 자꾸만 길어지누나

가을 마비정

풀 섶 이슬 속에 귀뚤이 밤새워 임 찾고
기러기는 떼 지어 V 그리며 북녘 가네
내리쬐는 뙤약볕 오곡은 알알이 익어가고
나무 그늘 밑 냉기 품은 서늘한 가을바람

고추잠자리 벼메뚜기 제풀에 흥겨웁고,
요란하던 매미 노래 내년을 기약하네
짙푸른 나뭇잎 엷게 단풍으로 가고
코발트색 하늘 뭉게구름 위로 높아만 가네

사과 대추, 입 벌린 알밤, 잘 익은 홍시
지붕 위엔 하얀 박 멍석 깔고 빠알간 고추 익네
벼 수수 이삭은 날로 고개 숙이고
아, 마비정 그 풍성한 결실이여!

아쉬운 농사

매실은 저 혼자 만개해 벌에게 꽃가루 대접하고
꽃 속 작은 아기 열매 선물 받았을 거야

내가 짓는 농사 주종은 가죽이네
성정이 유순해 나이 많은 농군에게 안성맞춤
사월 중순에 묶음 끈과 그릇을 갖고 가네

마을 밖 매화 개나리 목련 왕벚꽃 라일락 천리향
제각각 색깔 향기 다투어 뿜어내네

부디, 비바람 적어 가을 결실 좋기를 빌며
작업복 장갑 모자 속에 시를 써 넣어두네

까치집

까치 내외가 이른 아침에
나무막대를 물고 와서

깍 깍 즐겁게 노래하며 미루나무 위에
집을 짓는다

새 보금자리 위한 숙련된 솜씨
설계도는 엄마 아빠새 머리에 들어 있나 봐

고사목은 흔들 그네 없어 집을 안 짓고
해마다 새집에서만 산다.

허공에다 땅값이 비싸서
이층집도 짓는다

알 낳고 새끼 나오면 바람이 가지
흔들어 주는 천연 그네를 탄다.

새끼들 날갯짓하면 저 집은 버리고 내년엔
또 새집을 짓겠지

추억의 종소리

청동 종소리 하나에 움직이는
천여 그루의 꿈나무들

아침 제일 먼저 땡~땡땡을 세 번 치는 종
전교 주번 조회 모임 종

십 분 후 땡~땡~땡~ 세 번 치면
선생님들 교무회의 시간

월요일은 교무회의 끝나면
땡땡땡땡 다 모이라는 뜻 전체 조회

땡땡을 세 번 치면 수업 시간이고
수업 중에 땡땡땡을 세 번 치면 수업 끝나고 쉬는 시간

마지막 종소리 땡땡땡 세 번 치면
윗옷 벗어 놓고 중간 체조하는 시간

가장 즐거운 종소리는 점심시간
도시락 까먹는 행복한 시간

야호! 땡~땡땡땡땡
집에 가는 신나는 종례 시간

3
詩가 오려나

구름 가족

노란 병아리 종종걸음으로
하늘에 달음질치고

하얀 강아지 혀를 내어 물고
강으로 뛰어가고

큰 악어가 이빨을 드러내며
엉금엉금 기어가고

비행기 흰 두 줄 꽁지에 매달고
반대로 날아가고

저기 검정 바다사자는
짐차를 타고 수평선 질러가고

지금 두둥실 흰 구름 가족
순식간에 비슬산 산등성 넘어가네

그분

들린다 그 하늘의 소리가
까닭도 사연도
모르는 그 설렘

허전하고 쓸쓸할 때, 노을 녘
내 옷깃 흔들고 간 그 바람 속에
그분의 사운대는 말씀 들린다

저녁 숲에 내리는 붉은빛으로
사랑해야 하는 그 많은 기도를
단 한 분 내 귀를 달래는

아, 마음속 속삭임
아름다운 노랫소리 들린다

군것질

엄마 비 오는 날엔 무얼 하제
뭘 물어 콩, 밀 볶아 묵지,

새까만 불콩과 밀을 씻어 차례대로 큰 솥에 붓고
사카린 조금 넣어 나무 주걱으로 저으면,
콩은 탁탁 튀어 오르고 밀은 배가 볼록해지며
고소한 냄새, 코는 벌름벌름 목은 침이 꼴깍

볶은 콩과 밀을 섞어 한주발 담아주면,
더없는 간식거리로 호주머니 볼록 넣어 동리 나가면,
고소한 내음 감출 길 없어 손 벌리고
줄 선 놈들과 한 줌씩 나눠 먹던 그 맛.

저녁때 밀가루 반죽해 홍두깨로 밀어
맷방석만 한 국수판 차곡차곡 접어 도마 위에 얹어,
빠른 솜씨로 썰면 반 뼘쯤 남을 때, 엄마 부르며
손 밀어 넣으면 당장 칼질 멈추고 꼬랑지 넘겨주지

국수 삶기 위해 밀짚 불 때던 아궁이 속
부지깽이에 꼬랑대기 걸쳐 넣으면,
금방 배가 부풀며 다 익어 호호 불면서 먹던 그 맛

겨울 저녁 까까머리들 밤늦게까지 수건돌리기
끝말잇기 말타기하다가 출출해진 배를 안고,
동리 누나들 모여 뒷집 송아지 제삿밥 해 먹을 때

방 문틈으로 야옹야옹 소릴 내면 이놈들께 들켰네! 하며
하얀 쌀밥 한 보시기 시큼한 무시래기 김치 한 접시
넘겨받아 게눈감추듯 먹던 내 고향 마비정의 맛

피란

여섯 살 어깨에 미숫가루 넣은 등짐 하나 메어주며
꼭 뒤따라오고 길 잃지 말라고 신신당부하신 엄마 아부지
태어나 살던 정든 마비정 집 뒤돌아보며 뒷산을 넘어
정대*로 가는 피란길 행렬

선바우**에서 돌아보며 낙동강변*** 비행기에서
눈이 하얗게 내린다 하니, 국군 낙하산 부대라신다
지인의 문간방 얻어 열 명 가족이 새우잠자며,
어린것들 먼저 먹이고 어른은 자시는 둥 마는 둥

한여름 지나고 추석 전날 귀가 명 받고
오징어 다리 뜯으며 제수 지신 아부지 뒤따라
풀밭이 된 우리 집 마당에 들어서니, 감나무 밑은 홍시의 향연
베고 뽑고 쓸고 닦으니, 어느 대궐도 안 부러웠지

그 어려운 순간에도 항상 보듬어 주신, 두 분의 지극정성
저 멀리 들려 오는 포화 소리에 그리움의 노도怒濤 용솟음친다
오늘은 막걸리 한 통 챙겨서 성묘 가야겠다

* 가창면 정대리
** 마비정 뒷산 길 정상에 있는 약 10m 높이의 선바위[立岩]
*** 사문진 주막촌 건너 다산면 호촌리 일대의 넓은 백사장

바다 승마장

물 나간 모래밭은
천연의 자연 승마장

숨지 못한 세발낙지
말발굽에 밟혔네

입 벌린 소라는
소리 없이 박수 치고

짝지어 휘날리던 갈매기
물 따라 휴가 갔네

귀가 아프게 시끄럽던
사람 소리 붐비던 표선해수욕장

고요한 모래 벌 여울목인 양
하늘엔 솔개 한 마리 맴을 도네

갯바위 끝자락엔 하릴없이
서 있는 외로운 하얀 등대

저 멀리서 말달리는 소리
갈매기 앞세우고 날새우들 신났네

누가 신고 좀

주인은 한 걸음
나는 네 걸음씩

주인은 한 발짝에 두 발
나는 개 발 네 발

주인은 제멋대로 가고
나는 목줄 끝에 매달려 따라가고

주인은 오른손에 쥔 휴대폰 즐기고
나는 건성건성 주마간산이네

주인은 지인을 만나면 오른손 흔들고
나는 꼬리가 빠지도록 달랑달랑

주인이 날 산책시키는 건지
내가 주인 산책시키는 건지

인생살이 새옹지마요
내 삶은 요지경이라네

입춘

잘 보냈겠지요 겨울도
조상들 은덕에 무사히
새봄을 맞고 있지요

가장 추운 대한과 대동강물
풀린다는 우수 가운데 절기
새해에 안녕을 기리고

집안에 모두 별고 없으시죠
눈 쓸고 손꼽아 기다리는 입춘
더없이 좋은 뜻 봄햇살 쏘네요

입춘대길 건양다경
대문 문설주 대들보에 붙이며
소망과 번영 기원하는 미풍양속

지난날의 묵은 때를 씻고
전통음식 나누어 먹으며
이웃들과 새로운 한 해 잘 보내시기를!

찔레꽃 추억

오월 소쩍새 소리에 놀란 야산 계곡
밭둑 돌무덤의 찔레꽃 덤불

한줄기에 수십 개의 별 같은
새하얀 다섯 꽃잎 연노랑 꽃술

하얀 찔레꽃 슬픈 찔레꽃
은은한 마법 같은 향 코끝을 간질이네

짙은 그리움에
빨갛게 멍든 씨앗 한 아름 품은 영실

찔레순 보릿고개 애들 달래는 간식
꽃말은 그리움, 고독한 사랑이지

밝은 달밤에 임 그리워 시 한 줄 품에 안고
아, 말 못 할 이별에 눈물 삼키면

고독과 상념 속에 그 옛날 추억
즐기던 동무들 다 어디로 갔나

쏟아진 별빛 맞으며 나 홀로 외롭게
걷고 있는 깊은 밤 마비정 길이여!

詩가 오려나

어떤 모습으로 오려나
달무리 같은 네 모습
한복 입고 갓 쓰고
양복 입고 중절모 쓰고

언제 어느 때에
詩가 오려나 봐

하얀 고무신 씻어 신고
검정 구두 닦아 신고
타박타박 걸어서,

마비정에 손 흔들며 오려나
개나리와 정답게 오려나
아련히 보고픈 그 임과 손잡고 오려나

입속에 말[言] 실타래가 엉켜

어서 오고파 아귀다툼
보고픈 그대는 정녕코
날 기억하고 있을까

혹여 내 사랑 끈에 걸려
넘어지지는 않으려나
부디 애틋한 내 사연들
알뜰하게 다 행간에 담아 오소서

사랑의 방정식

사랑이란
너와 나를 나누지 않는 것

사랑이란
너를 애틋하게 아끼는 것

사랑이란
너를 보고파 점과 선을 잇는 것

사랑이란
만나면 두 꼭짓점 즐거워지는 것

사랑이란
고백하지 못한 나를 빼는 것

사랑이란
너와 나를 더하는 것

| 해설 |

선비와 달빛

김동원 시인·평론가

| 해설 |
선비와 달빛

■ 들어가는 말 - 도암서원道巖書院

도암서원은 경상북도 고령군 쌍림면 고곡리에 있는 송암松庵 김면金沔을 배향한 조선 후기 서원이다. 송암松庵은 1541년(중종 36년)에 태어난 학자로 참봉, 공조좌랑에 임명되었으나 사퇴하였다. 남명南冥 조식曺植의 문인이었던 그는 일찍이 퇴계 문하에서 성리학을 연마하여 퇴계 문인들과도 긴밀한 교유를 맺었다. 임진왜란이 일어나자 조종도趙宗道, 문위文偉 등과 거창, 고령 등지에서 의병을 규합하여 김산金山, 개령開寧 사이에 주둔한 적군 10만과 우지牛旨에서 대치하여 적을 격퇴하고 무계武溪에서 승전하였다. 그 공으로 합천陜川 군수로 임명되었으며 의병대장義兵大將의 칭호를 받았다. 사후 병조판서에 추증되었으며 1607년 이조판서에 가증되었다. 1988년 경상북도 기념물 제75호로 지정된 도암서원은, 고령 유림들이 발의하여 2002년 복원하였다. 솟을대문을 지나 정면 5칸, 측면 2칸의 팔작지붕 기와집이 고적하다.

연전에 벚꽃 핀 봄날, 후손인 김용탁 시인의 초대로 도암서원에서 시회詩會를 가진 적이 있다. 선비의 풍모가 물씬 풍기는 백발의 성성한 노老시인에게, 가문의 유서 깊은 내력을 엿들었다. 그날 함께한 시인 묵객은 한결같이 충절이 서린 도암서원의 전경에 압도되었다. 나는 재실 뒤쪽에 휘늘어진 백일홍 고목 세 그루가 고고하게 느껴졌다. 붉은 꽃나무에 수천 송이 꽃잎이 벙글면, 그 꽃을 보러 유월에 꼭 오리라 다짐하였다. 떡과 차 대접이 따뜻하고 융숭하였다. 시를 읊고 대금 연주를 들으며, 엄정한 예서체 현판의 묵일당墨一堂에서 보낸 풍류는 멋이 있었다. 김용탁의 시는 유자儒子의 사상과 체험, 고향 마비정의 추억에서 나온 풍경이다. 그의 시는 회상적이다. 자연으로부터, 고향과 부모로부터 물려받은, 학문과 추억의 편린이다. 그의 시는 가족을 중심에 두고, 태어난 향토에 대한 지극한 애정을 배경으로 삼는다. 아무에게도 말할 수 없는 답답한 심회를 달빛을 빌어 시로 풀어낸다. 그의 서정은 익숙한 정경과 이미지이지만, 시심詩心만은 시흥詩興이 도도하다. 행과 연의 가락은 마을 앞 냇물처럼 빛나고 음악적이다. 될수록 현실에 뿌리를 두고, 사유의 절제를 바탕으로 행간의 의미를 만든다. 그냥 물 흐르듯, 바람 지나듯 자연스런 시가 김용탁의 서정이다. 해독 불가능한 언어는 덜어내고, 넘치지도 부족하지도 않은 여백의 번짐이 좋다. 그의 시는 읽는 순간,

60년대 이전의 향토적 정서가 가슴 가득 밀려온다. 모든 시가 직접 체감한 날것의 언어이다. 그래서 그의 시는 생생한 느낌을 준다. 마치, 달빛에 앉아 시를 낚는 것처럼 행복한 기쁨을 준다. 옛 선비처럼, 사물을 깊이 관조하고, 물과 산을 산책하고, 흙과 바람을 귀하게 여긴다. 이번 김용탁 이현동의 『오동나무, 연꽃 품다』(2024, 북랜드) 시집은 독특한 특색을 띤다. 각각 30편의 시와 시집 해설로 구성된 희귀한 시집이다. 먼저 김용탁의 시, 「부부」를 들여다보자.

■ 부부

'배필配匹은 하늘이 맺어준다'는 옛말이 있다. 인간 세상의 모든 출발은, 부부에게서부터 비롯한다. 자식은 부모를 통해 사랑과 효도를 배우고, 형제간에 우애와 이웃 간의 정리情理를 나눈다. 부모가 인자하고 넉넉하면, 자식 또한 온순하고 예의가 바르다. 부모가 험악하고 포악하면, 자식 또한 그대로 따라 배운다. 부부가 서로 인격을 존중하고, 양가의 부모를 잘 봉양하면 만사가 형통하다. 현대 사회가 무질서한 것은, 부부 사이가 무너졌기 때문이다. 부부가 함께 켠 촛불이 꺼지면, 자식은 평생 깜깜한 어둠 속에 헤맨다. 부모가 바르고 엄정하면 자식은 그 도리를 다한다. 세상 무엇과도 바꿀 수 없는 것이 자식이듯, 부부는 존귀한 존재이다. 불완전한 두 사람이 만나, 서로의 부족함을 메우는 것이 부부가 할 일이다. 현대 사회의 부부는 너무 빨리 '이혼'하고, '환승'한다. '부부란 기차'는 두 레일로 함께 무사히 '종착역'까지 달리는 여정이다. 김용탁의 시 「부부」는 아름다운 '부부' 관계의 전형처럼 느껴진다.

> 구구구 짝지를 구하려고
> 힐끔힐끔 쳐다보는 비둘기들
>
> 공원 마당에 그 많은 놈 중에서도
> 자기 짝지는 잊지 않지요
>
> 누구는 불시에 제 짝을 잃고
> 밤마다 그리워 이름을 부른다는데
>
> 언젠가 가버릴 그대를 찾으려고
> 두 눈에 눈물을 글썽일 때면
>
> 임 그리워 울며 다니는 나는
> 산 접동새*와 비슷하리
>
> 부디 소중한 인연 귀하게 여기며
> 한평생 눈물 없이 살고 지고
>
> * 정서 정과정(고려가요)

— 「부부」 전문

비둘기는 평화와 풍요, 부부간의 사랑과 화목의 상징이다. "구구구 짝지를 구하려고/ 힐끔힐끔 쳐다보는 비둘기들"의 울음소리는, 여성에게 좋은 일이 생길 징조이다. 미래를 꿈꾸고 아름답게 가꾸어 나갈 출발을 의미한다. 누가복음서에 따르면, 예수 그리스도가 세례자 요한에게 세례를 받는 동안 성령이 비둘기의 모습으로 나타났다 한다. 흰 비둘기는 평화의 전도사이다. 비둘기는 부부애가 남다르다. 알을 품을 때에도 암컷은 낮에, 수컷은 밤에 번갈아 품는다. 결코 "자기 짝지"를 "잊지" 않으며, 부리로 서로의 애정을 확인한다.「부부」속 화자는, "불시에 제 짝을 잃고/ 밤마다 그리워 이름을 부를까" 걱정이 태산이다. 누구나 때가 되면 사랑하는 이와 헤어져 하늘로 간다. 만약 그때가 오면 "두 눈에 눈물을 글썽"이며, "임 그리워 울며" 헤매일 것이다. 고려가요 속의 "산 접동새"처럼 짝을 잃고 이리저리 애절하게 울 것이다. 하여, 시인은 "부디 소중한 인연 귀하게 여기며/ 한평생 눈물 없이 살고 지고" 하도록 간절히 빈다.

■ 마비정馬飛亭

마비정은 하루에 천 리를 달리는 수말 '비무'를 대신해 죽은, 암말 '백희'와의 슬픈 사랑의 전설이 전하는 시인의 고향 마을이다. 지금은 벽화마을로 유명하지만, 60

년대만 해도 동네 아이들이 어둠 속 반딧불이를 잡아, 두 손에 넣고 놀던 정겨운 곳이다. 소년 용탁은 한낮 뒷산에 우는 뻐꾸기 울음소리가 너무나 좋았다. 어떤 날은 동네 동무들과 산에 올라 고즈넉한 도원지(월광수변공원) 물 구경도 하였다. 그의 등단작「가재잡이」는 "어린" 시절 가재잡이 놀이를 실감 나게 그렸다. "뒷다리 하나 빌려 칡에다 묶고" 가재를 꾀어내는 긴장미는 흥미진진하다. "버들치는 놓치고, 소금쟁이는 행간에 풀어 놓고" 놀았을 시인의 어린 시절은, 훗날 그의 서정시의 배경이 된다. 마비정에 산안개가 자욱이 끼면, 한 편의 수묵화처럼 마을은 곱기도 하다. 시인이 시를 접한 것은 한약방을 하신 선친 덕분이라고 한다. 가문의 내력이 유자儒子인지라, 자연스레 한학과 한시, 시조를 접하게 되었다. 그러나 수학 교사로 교직 생활을 시작하면서, 시의 세계와는 멀어져 버렸다. 달밤에 남평문씨 세거지를 지나 마비정까지 걷던 시절엔, 참으로 여름밤이 좋았다고 한다. 모심기를 끝낸 무논에서 울어대던 개구리 합창은 얼마나 정겨웠을까. 젊은 김용탁은 가친 덕분에 시조를 암송하면서 그 길을 오르내렸다. 시인의 추억담을 들으면, 선비의 풍류가 가득한 낭만적인 분이란 걸 금방 알아챈다. 그리고 돌아가신 어머니에 대한 곡진한 그리움이, 가슴 속에 흥건한 분이란 것도 깨닫게 된다. 시「군것질」은, 고향 마비정에서 시인이 겪고 튼 모자간의 정情이 듬뿍

김용탁 시편 63

묻어 있는 수작이다.

    엄마 비 오는 날엔 무얼 하제
    뭘 물어 콩, 밀 볶아 묵지,

    새까만 불콩과 밀을 씻어 차례대로 큰 솥에 붓고
    사카린 조금 넣어 나무 주걱으로 저으면,
    콩은 탁탁 튀어 오르고 밀은 배가 볼록해지며
    고소한 냄새, 코는 벌름벌름 목은 침이 꼴깍

    볶은 콩과 밀을 섞어 한주발 담아주면,
    더없는 간식거리로 호주머니 볼록 넣어 동리 나가면,
    고소한 내음 감출 길 없어 손 벌리고
    줄 선 놈들과 한 줌씩 나눠 먹던 그 맛.

    저녁때 밀가루 반죽해 홍두깨로 밀어
    맷방석만 한 국수판 차곡차곡 접어 도마 위에 얹어,
    빠른 솜씨로 썰면 반 뼘쯤 남을 때, 엄마 부르며
    손 밀어 넣으면 당장 칼질 멈추고 꼬랑지 넘겨주지

    국수 삶기 위해 밀짚 불 때던 아궁이 속
    부지깽이에 꼬랑대기 걸쳐 넣으면,
    금방 배가 부풀며 다 익어 호호 불면서 먹던 그 맛

    겨울 저녁 까까머리들 밤늦게까지 수건돌리기
    끝말잇기 말타기하다가 출출해진 배를 안고,
    동리 누나들 모여 뒷집 송아지 제삿밥 해 먹을 때

방 문틈으로 야옹야옹 소릴 내면 이놈들께 들켰네! 하며
하얀 쌀밥 한 보시기 시큼한 무시래기 김치 한 접시
넘겨받아 게눈감추듯 먹던 내 고향 마비정의 맛
　　　　　　　　　　　　　　　　—「군것질」 전문

　가난한 시절에는 모두 먹는 것만 쳐다보았다. 동네 잔칫날은 정말이지 신이 났다. 까만 봉다리마다 지짐과 떡을 몰래 넣어, 담 너머로 제 자식에게 넘겼다. 그걸 들고 와 형제자매는 맛있게 나누어 먹었다. 아이들이 학교를 파하고 제일 먼저 집에 뛰어와 찾는 것도 '엄마'이다. 엄마는 이 세상에서 가장 좋은 천국이다. 60년대 이전에는 대부분 고구마도 실컷 먹지 못했다. 소년 김용탁의 집은 가친의 한약방 덕분으로 넉넉한 살림이었다. 「군것질」은 그때, 잘사는 집 아이 이외에는 할 수 없었다. 또한 "비 오는 날", "콩"과 "밀"을 "볶아" 먹는 집도 흔치 않았다. "큰 솥에" 불을 때면, "콩은 탁탁 튀어 오르고 밀은 배가 볼록해지며/ 고소한 냄새"가 콧구멍을 "벌름벌름"하게 한다. 아마도 소년 용탁은 그 당시 키다리 골목대장이었을 것이다. "호주머니 볼록"하니 볶은 콩을 집어넣고 "동리"에 나가면, 또래 동무들이 "손 벌리고" "한 줌씩" 달라고 떼를 썼을지도 모른다. 무엇보다 시 「군것질」은, 아들 용탁과 엄마와의 사랑스런 풍경이 너무나 정겹다. 이 시는 또한 그 시대의 풍습을 세밀화처럼 그렸다. 감자와 애호박을 쑹덩쑹덩 썰어 넣고, "저녁때 밀가

루 반죽해 홍두깨로 밀어" 먹는 국수는 별미이다. 참 소년 용탁은 장난꾸러기였나 보다. "엄마"가 남겨준 밀가루 "꼬랑지"를 "밀짚 불 때던 아궁이"에 넣어, 구워 먹는 광경은 웃음이 나온다. 무엇보다 「군것질」이 우리에게 감동과 여운을 주는 이유는, "고향 마비정"을 통해 한국 농촌의 풍습과 먹거리 문화를 아주 실감 나게 그렸기 때문이다. 지금은 보기 힘든 "제삿밥" 나눠 먹기, "겨울 저녁" "수건돌리기", "끝말잇기, 말타기" 그리고 밤늦게 먹거리 훔치기 등 실로 정다운 향토 놀이문화가 가득하다.

■ 시가 오는 소리

무얼 타고 서정시는 올까. 달빛을 타고 올까, 별빛을 타고 올까. 아름다움과 감동을 싣고 시는 몰래 숨어 오는지도 모른다. 시는 자신만의 독창적인 체험이 중요하다. 서툴지만 개성적 감각과 체험의 깊이에서 시어를 길어 올리면 된다. 시의 무늬는 저마다 살아온 시간과 추억이 묻어 있어야 좋은 느낌을 준다. 행과 연을 부리는 언어의 기술이 부족하더라도, 시가 진실하면 모든 것이 살아난다. 김용탁의 「詩가 오려나」는 바람의 말을 전하고 있다. 찰나의 순간을 구름의 언어로 받아적고 있다. 단순하면서도 깊고, 울림이 크면서도 자연스러운 흥이 있다. 시어가 슴슴하면서도 담담하고, 소박하면서도 예사롭지 않다.

어떤 모습으로 오려나
달무리 같은 네 모습
한복 입고 갓 쓰고
양복 입고 중절모 쓰고

언제 어느 때에
詩가 오려나 봐

하얀 고무신 씻어 신고
검정 구두 닦아 신고
타박타박 걸어서,

마비정에 손 흔들며 오려나
개나리와 정답게 오려나
아련히 보고픈 그 임과 손잡고 오려나

입속에 말[言] 실타래가 엉켜
어서 오고파 아귀다툼
보고픈 그대는 정녕코
날 기억하고 있을까

혹여 내 사랑 끈에 걸려
넘어지지는 않으려나
부디 애틋한 내 사연들
알뜰하게 다 행간에 담아 오소서

— 「詩가 오려나」 전문

「詩가 오려나」는, 리듬의 반복이 사람의 기분을 들뜨게 한다. 그의 시작詩作 경향은 익숙한 생활에서 소소한 비밀을 찾아내는 쪽으로 옮겨가고 있다. "한복 입고 갓 쓰고/ 양복 입고 중절모 쓰고" 그의 시는 온다. 참 시어를 비비는 맛이 재미있다. 「詩가 오려나」는 발밑에서 시를 찾고, 눈대중으로 시를 줍는다. 김용탁의 시는 가까운 거리와 공간에서 시의 소재를 발견한다. 좋은 시는 시적 착상과 발상을 중요하게 생각한다. 느낌이 좋으면 금방 시적 분위기가 반전된다. 단순하고 심플한 구도에서 시의 요체가 드러난다. 짧은 시 긴 여운이란 말도 있듯, 시는 췌사를 덜어내는 작업이다. 시인은 빈 여백을 어떻게 언어로 잘 구조화하는지가 관건이다. 이미지의 범람은 시의 정신을 헤친다. 적확한 시어의 사용은 얼마나 시를 세련되게 하는가. 제때 제 자리에 잘 앉은 시어는 보기만 해도 좋다. 그는 늘상 "언제 어느 때에/ 詩가 오려나" 궁금해한다. 하여, 김용탁의 시는 "하얀 고무신 씻어 신고/ 검정 구두 닦아 신고/ 타박타박 걸어서," 온다. 「詩가 오려나」는, 정말로 맑고 밝은 시의 마음이 있다. 시인의 감정을 행간 속에 "알뜰하게"도 다 담아냈다.

■ **나가는 말**

위에서 살펴보았지만, 김용탁 시의 전반적인 특징은,

선비의 풍류와 고향에 대한 추억, 부부애와 가족 사랑으로 크게 나누어진다. 서정시는 개인의 체험과 추억의 궤적을 따라간다. 현실 속에서 곁고든 감각적 이미지를 내밀화한다. 그의 시편은 곁에서 도란도란 읽어주는, 이웃집 마음씨 좋은 노시인의 목소리처럼 들린다. 정감이 있고, 따뜻하고, 그리고 아득한 그리움의 서정을 담고 있다. 좋은 시는 좋은 마음의 발로이며, 누구나 들어도 좋아한다. 김용탁의 「오동나무」는 의태어와 의성어를 활용해, '오동나무'에 얽힌 사연을 설화풍으로 형상화하였다. 시구의 반복적 사용과 종결형 어미, ~요는 시적 리듬을 기막히게 잘 끌고 간다. 그렇다. "옛날에는 딸 하나 낳으면 오동나무/ 한 그루 심어 출가할 때 장롱"을 해주었다. 오동나무를 껴안고 잘 들으면 가야금 소리가 난다. 가야금은 오동나무로 만들기 때문이다. 「연꽃」은 "시인 묵객"이 많이 찾는 처가의 "유등지 군자정" "연꽃" 이야기이다. "아내가 시집올 때 가슴속에/ 피어있던, 그 분홍 연꽃"을 노래하였다. 이밖에도 멋지게 형상화된 여러 편의 시가 있지만, 다 담을 수가 없어 훗날 미루기로 한다. 운문의 형식을 빌려, 시인의 심중을 가장 잘 드러낸 「봄은 오는데」란 시를 소개하며 마칠까 한다.

    춘래불사춘春來不似春
    이라고 하였지

갈길 바빠 이 봄
돌아보는데

고장 난 기억
고장 난 풍경

아지랑이 유채꽃에
일렁이는데

붉은 노을 서산에 걸려
마음속 준비해야지

밖엔 봄이 왔는데
내 마음은 아직

知止以後 能定*이라네

* 大學의 經文 첫 구절로 "내가 추구하는 일을 어느 선에서 정지"할 수 있다면 (과욕을 하지 않는다면) 뜻하는 일을 잘 이룰 수 있다는 뜻임.

― 「봄은 오는데」 전문

이번 김용탁 이현동의 『오동나무, 연꽃 품다』 시집에 실린, 「시인의 말」은 참으로 아름답다. "여든에 우리 부부는 저녁노을이/ 산정에 물드는 것을 시경詩經처럼 읽는다."라고 하였다. 시인은 망구望九가 산 너머에서 걸어

오고 있는 것을, 이 봄날 보이는 모양이다. "춘래불사춘 春來不似春", 봄은 왔는데 마음속 봄은 오지 않았다는, 노시인의 쓸쓸한 고백은 아득하다. "갈길은 바쁜데" "고장 난 기억/ 고장 난 풍경"이 살아온 추억을 지운다. 망각은 이승에선 슬픈 일이지만, 다음 생에선 기쁜 일이기도 하다. 새 몸으로 새 정신으로 천국에서 다시 태어나는 축복이기 때문이다. 「봄은 오는데」 "아지랑이 유채꽃에/ 일렁이는데" "붉은 노을"은 "서산에 걸려" "마음" "준비"를 하라고 한다. 그렇지만, 노시인은 아직도 이승의 봄꽃이 좋은가 보다. 이승에 머물러 있는 동안은 과욕을 부리지 않고, 마무리를 잘한 연후에 훌훌 몸을 벗고, 당신이 사랑하시는 하나님 곁으로 가실 모양이다. 어쩌면 이런 쓸쓸한 인간적 내면 풍경이 시의 본령인지도 모른다. 그의 시의 원동력은 세계와의 조화에 있다. 강렬한 파괴력과 참신한 감각은 덜할지라도, 세상과 이웃을 따뜻하게 보는 심성은 깊고 높다.

궁극적으로 김용탁의 시편들은, 고향과 가족, 서정과 추억 사이에서, 세계를 연민의 눈길로 바라본 시로 규정된다.

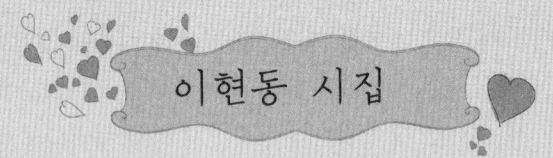

이현동 시집

1
유등지 군자정

유등지 군자정

여름 소낙비 피해 군자정에서
그 옛날 조부님께 소학 들었네

날아갈 듯 날개 펼친 명구들
처마 끝 떨어지는 빗소리처럼 좋았지

우렁이 굼실대는 물 위
소금쟁이 논어를 읽고

물잠자리 범나비
나 잡아 봐라 춤을 추었네

흰 모시 바지저고리 부채 흔들며
동네 할아버지 호패 삼매경

난간에 턱 괴고 앉아 연잎 가득 고인 빗물
그 꽃대에 말간 시를 쓰던 소녀

달빛 내려오는 그 밤
연꽃 향기에 취해 싱숭생숭하던 마음

꿈과 아름다운 추억 가득 담긴
친정 동네 아련한 연꽃마을

장맛비

키다리 짝꿍과 새 보금자리에서
지독한 입덧 견디고 초봄 태어난 첫딸

또 다음 해 가을 연년생으로 둘째 딸

아버님 바로 아들 낳는 약 보내
엄지를 꽉 물고 놓지 않는 늑대 태몽 후

꿈에도 그리던 첫아들 탄생

새집 짓고 어른 모시고 일곱 식구
밥하느라 손끝에 물 마를 날 없었네

장마철 기저귀 걱정에 마음은 물먹은 솜

시아버님 돌아가시고 복중에 임신하면
아들 낳는다는 시어머님 성화에

다시 둘째 아들 얻었지

삐딱하게 닳은 내 손톱 보며 나의 신혼은
장맛비에 질척거리는 땅보다 더 엉망진창

그래도 자식들 젖 먹일 때
눈 맞추며 사랑에 빠져 4남매 주신 기쁨

이제 손주 솔방울까지 조롱조롱 달렸네

솟을대문

밤마실 간 나를
등불 들고 찾아오신 할머니

여자는 나서면 안 된다며
침묵은 금이라고 가르치신 어머니

치맛자락에 달라붙어
떨어지지 않던 어린 자식들

민들레 홀씨처럼 날아갈까 봐
노심초사하던 남편

자유 없이 속 끓이며 억압 속에
보낸 그 눈물의 세월

이제 돌아보니 험한 세상 나를 지켜준
사랑의 솟을대문

아랫목

하얀 백설기 쪄 놓고
눈에 넣어도 안 아픈 자식 기다리는
어머니

갑자기 청상과부 되어 소복 입고
하염없이 울고 있는
새색시

뭉게구름으로 솜사탕 만들어
사랑하는 손주 기다리는
할머니

흰 쌀밥 푸짐하게 해놓고
굶주리는 사람들 먹이려 하늘에서 내려온
천사들

파란 잎에 하얀 눈 소복하게 담아놓고
추위 견디며 봄바람에 한들거리는
이팝나무 아랫목

하얀 초롱 등불

벌은 저마다 춤추며 꿀 모으고
개울가 빨래터엔 바람에 흔들리는
꽃냄새 싱숭생숭한 새댁들

여인들은 꽃 따서 술을 빚고
꽃송아리 곱게 튀겨 안주 삼아
한잔 술에 희희낙락하는 남정네들

아카시아꿀 아이들 학비가 되고
지천으로 피어난 그 꽃 보며
신선이 된 듯한 동네 어르신들

오월 아카시아꽃은 온 산천에
하얀 초롱 향 등불 달고
전기도 없던 시집 동네

전깃불 들어오고 신작로가 놓이고
초가집 담벼락 그림을 그려서
지금은 유명해진 벽화마을

초가집 옹기종기 모여 살던 마비정
반백 년 동안 명소가 되었건만
그 옛날 새색시 머리 위엔 흰 눈꽃만 쌓이네

쪽진 그리운 울 할매

비취 하늘 흰 뭉게구름 마실 나온
연꽃 향기 품속에 포근히 안긴
꿈 많은 내 고향 청도 유등리

술이 익어가는 동네
할아버지 약주, 꼴머슴 새참 농주
순사들 숨바꼭질 벌이는 밀주

나뭇가리 속에 숨어 있다
집 밖으로 쫓겨나온
주인 잃은 동네 술 단지들

순사가 찾은 우리 집 술 단지
사색이 되어 동구 밖에 서서
손이 발이 되게 빌어도 보고

벌금 걱정, 할아버지 밥 반주
부모님 꾸지람 걱정에
간은 오그라져 콩알만 한데

집에 오신 할머니 나를 꼬옥 안으시며
놀랐제, 괜찮다, 등을 토닥여 주시던
울 할머니 품이 못내 그리워라.

사랑을 전하는 손

할머니는 내가 어릴 때 배가 아프면
할매손 약손이다! 할매손이 약손이다!
살살 문지르면 거짓말처럼 아픈 배가 나았다

나도 손주들이 어디 아프다고 하면
할매손 약손 하며 입으로
호호 불면서 살살 문질러 준다

사랑스러운 녀석들 만날 때마다 발 마사지
온몸 만지고 두드리기, 침대 위에서 엎어치기 메치기
까르르 하르르 웃고 북새통 이루는데,
이제는 다 자라 서로 바빠 만나기도 힘들다

대구에 사는 큰아들 덕분에 손주 보고 싶으면
우리가 가서 두 손녀 간지럼 태워주고,
막내 손자 품에 안아주면 웃고 난리다

가을걷이 김장이 끝나면 친정어머니
손뜨개로 내 스웨터를 짜 주시고
작아진 스웨터는 여동생들 차지

겨울이면 나도 TV 앞에서 아이들 스웨터 짜고
거위 털에 순모 방한복도 많지만,
옛날엔 손뜨개로 두툼하게 짠 스웨터가 최고였다

손주들 어루만지며 사랑을 전하던 손
이제 우리 자손 위해 기도하는 손

현모양처 유효기간

졸업 육십 주년 동창회 일박 이일 신안 앞바다 여행
초대된 카톡방 둘러보니 모르는 이름이 태반

졸업하고 한 번도 못 만난 친구들 많이 변했겠지
머리에 하얀 서리 내린 내 모습에 놀라겠지

여자 친구들 보고 싶다 성화에
전국에서 열심히 살아온 그네들 삶도 궁금

매번 바쁘기도 했지만 다투기 싫어 포기했는데
남편에게 은근슬쩍 운 떼니, 역시 마이동풍

반백 년 순종한 현모양처, 유효기간도 끝났고
변한 친구들 보고 싶어 허락 없이 내빼기로 작정

그런데 친한 친구 갑자기 일 생겼다며
내년을 기약하니, 나도 덩달아 포기

쓰린 내 속 달래기라도 하듯, 보고픈 친구들
연신 카톡, 카톡 날아드네

부부 세레나데

둘이 티격태격 토닥대다가
서로 마음은 조개가 되어
수년을 잃어버린 나를 찾아
구만리 창공을 날아오르며,
솜사탕 같은 뭉게구름이 되네

반백 년 함께한 천생연분
난리 블루스는 아직도 신나게 고고
버렸다간 주워 담아 비비고
다시 맛깔나게 버무리며,
끝없이 삶의 행간 갇혀 헤맬 때

천둥 번개 휘몰아치는 환희
짝꿍의 등단 소식에 완전 무장해제
고난이 축복 성령으로 하나 되어
축복 속 함께 부르는 부부 세레나데

학산의 새벽

산 위에 걸린 돛단배는
이쁜 샛별 주워 담아
밤하늘 저어가고

동쪽 여명에 새털구름은
붉은 옷 곱게 입고
임 따라 종종걸음

굴참나무는
고운 잎 떨구어
땅 이불 덮어주고

삥 둘러선 산들이
도심의 은은한 불빛
감싸 안고

나목은 새벽길 걷는 내 귀에
건강하게 잘 살고 있다고
속닥속닥속닥

2
시詩

시詩

이기 뭐꼬?

우짜다가
만났다 아이가

재밌떠나?

재미는 있는데
알 둥 말 둥 한 기라

좋터나?

좋킨 한데
맨날 제자리 곰배 아이가

우얄라꼬?

돌고 돌다 파고 또 파면
봄 한 놈은 안 나오것나

하늘 시집

살금살금 소문 없이 날 찾아오신 당신
사랑의 큐피드를 마구 쏘아대네

내 마음속 철철 흘러내리는 붉은 피
짝사랑하여 밤낮없이 따라다니네

눈동자처럼 지켜주시고,
구만리 내다보며

바른길로 인도하시는 당신의 말씀
옆길로 새지도 못하네

열등감에 움츠려 살던 내 인생
이 아침 환한 세상으로 인도하시네

아, 일어나라,
네 빛이 이르렀나니!

날 일깨우시니, 그 영광 좋아라
당신을 따라가는 삶 은혜로와라

한밤중

뿌시럭뿌시럭
뽀시락뽀시락
빠시락빠시락

와당탕탕
우당탕탕
쿠당탕탕

와지끈
우지끈
쨍그랑

이 뭐꼬?

시집사리 詩集思理

뻣뻣했지만 속이 꽉 찬 처녀가
결혼해 시집살이 시작한 새색시처럼,

속이 꽉 찬 통배추 두 동강 나
소금 덮어쓰고 숨죽이고 있건마는

매운 시집살이에 은유 직유 숨죽이던 새색시
두고 온 고향 산천 달빛 그리며

동지섣달 긴긴밤을 뜬눈으로 지새우며
숨 죽은 행간에 오만 양념 덮어씌워 항아리에 차곡차곡

연마다 버무린 김장 맛있게 향기 풍기면
우리네 삶도 곰삭아 발효된 김치처럼,

맵고 짜고 시고 쓴,
그러나 달콤한 인생살이

신인작가상 오행시

신께서 허락하신 은혜 가운데
인생의 여러 고개 넘기고 칠순 넘어
작가상 받는 환한 엄마 모습에
가족 모두 함께 기뻐하며 축하하니
상보다 더 감사한 가족 사랑 잔치 중
— 큰딸

신인 시인으로 등단하시기까지
인내하며 연습하시느라 수고하신 장모님
작년 한 해 수업 들으시고 시 쓰신다고 바쁘셨지요
가족과 아버님 챙기시는 와중에도 너무 수고 많으셨어요
상도 상이지만 가족들 칭찬과 후원이 제일 좋은 상이지요
— 큰사위

신이 은혜를 베푸셨나 부모님이 물려주셨나
인간으로서 할 수 있는 노력을 십분 발휘하여
작정하고 시를 잘 쓰시고 등단까지
가정에 오십여 년 희생한 어머니에게 주신
상은 신이 주신 은혜랑 부모님의 선물 아닐까요
— 큰아들

물만 먹고 살아요

사랑을 듬뿍 주면 웃고
햇빛 바람 물 삼박자에 춤추며

노랑인가 싶으면 금빛
초록인가 하면 연분홍

제각각 개성을 뽐내며
물만 먹고 옹기종기 사네

낙타 발자국 찍힌
모래 언덕 그리워하며

사막의 태양에 빨갛게
달아오른 불사조

너무 크면 잘라 심고
떨군 잎은 어미 곁에서 나고

이국땅에서 스스로 뿌리 내려
살 줄 아는, 꽃보다 이쁜 다육식물

무릉도원

뭉게구름은 예비 화가
분홍 복사꽃 물에 비친
수양버들 그리네

캔버스를 펴놓고 행복한 모습

수필 동네 야외수업 온 반곡지
가는 길 연분홍 꽃가지에
하얀 배꽃도 만발

그 향기에 취해 잠든 대추나무

물안개 피어오른 아름다운 반곡지
못물 속 꽃 그림자
앞다투어 인사하네

왕버들은 인고의 세월
텅 빈 버들 속은 수술 후
호랑이 문신

예쁜 선생님 멋진 색소폰 연주
감동의 물결에 풍덩 빠져
행복한 하루

딴지 걸다

옷 벗어 제 발등 덮어주고 겨울 견딘 굴참나무
봄 되니 고운 옷 갈아입고 한들한들
심술 난 내 입이 한마디
넌 무슨 죄지어 꼼짝 못 하고 벌서고 있니?

무슨 소리 벌은 무슨 벌
새벽에 산새들은 지난밤 얘기 귀에 대고 속닥속닥
아침 해 고운 잎에 입 맞추며 살랑살랑
나 역시 사람살이처럼 속상한 일도 있지

작년 솔방울 조롱조롱 매달고 애 달구는 작은 소나무
톡 때려 주고 싶은데 못 하고,
가지 끝에 앉은 철새 따라 못 가 속 터져도
이제 한 걱정 접고 네 갈 길 가는 것이 좋을 걸 그랬지

빈손

지나온 서리 길 돌아가고 싶지 않네
거침없이 살다 고요히 떠날 세상
무엇을 위해 누구를 위해 그렇게 열심인지
아무것도 모르면서 다 아는 척하네

뒷산 새 무덤 심상치 않네
잘살고 못살고 무엇이 그렇게 바쁜지
사랑하라 사랑하라, 사랑하여라!
아름다운 황혼에 물든 단풍이 되거라
부질없어라, 빈손 들고 떠날 우리네 삶

벼락치기

스물둘 봄꽃 향기에 취한 나를
어머니와 조카, 중매쟁이 대동하고
신랑감 팔조령을 넘어 선보러 왔네

동생이 쪼르르 달려와
신랑 키가 전봇대만큼 크고
신발은 보트 같다 했지

껌껌한 방 여럿이 둘러앉아 눈만 껌벅껌벅
중매쟁이 둘이 이야기 좀 하게 두자니,
할머니 그런 법은 없다며 얼굴 봤으면 그만 가라고

생전 처음 본 맞선
서로 얼굴도 못 보고 말도 못 해 보고
나중에 신랑이 장문의 편지를 보냈지

할아버지 어떤 집안인지 알아보라며
아버지를 채근해 보내셨는데
아뿔싸, 사성이 먼저 도착

내 뜻과는 상관없이 벼락치기 혼사
오월의 신부 되어 솔방울 조롱조롱 달고
검은 머리칼 파 뿌리 되도록 해로했지

남자답고 인자했던 키다리 신랑
고집불통 자린고비에 벽창호 되었고
백 살 살겠다며 큰소리 땅땅 치니, 이거야 원!

3
벽화마을 시댁

속삭임

기울어진 나무가 새벽 산을 오르는
나를 쉬어가라 속삭이네
등을 기대고 바라보는 흰 구름 떼
세상에서 제일 편한 의자 고마워

까치 빈 둥지 사이로
샛별과 사랑에 빠진 달님도
부끄러워 실눈 뜨고 우리를 보네

어제 바람이 전해준
밤하늘 떨어진 별똥별 가족
슬픈 이야기를 듣네

나무 의자는 세상 돌아가는 얘기를
가만히 서서도 다 알고 있다는 듯,
매일 눈 마주친 나를
살랑살랑 잎새 흔들며 웃어 주네

일장춘몽

봄비에 꽃들은
눈물 되어 흐르고

꽃샘바람에
꽃비 되어 흩날리고

꽃내음 파도에 밀리듯 향내 풍기며
봄은 소리 없이 멀어지네

화려한 자태 뽐내다가
사라지는 낙화처럼

열심히 살았건만 돌아보니
백발이 흩날리네

인생도 잠시 잠깐
일장춘몽인 것을

아등바등 속 끓이어
무엇하겠는가

날갯짓

깜깜한 지하철에서 나오면
환한 지상철 밝은 세상

꿈의 터전이던 서문시장
도란도란 얘기 나누던 달성공원
수문장 키다리 아저씨의 추억

고운 단풍 토성을 지나서
북구청역 하차를 했네

생전 처음 찾아간 북부도서관 3층
반가운 선생님과 문우님
기쁨과 행복한 웃음

짝지는 창밖 풍경에 빠져
우리 보금자리 틀 때
근무한 삼호방직 자리라며

추억 삼매경

원앙 한 쌍
인생의 뒤안길에서
미지의 세상을 향해
퍼덕퍼덕 첫 날갯짓하네

황금기

아침마다 눈이 휘둥그레지는
세계의 진기명기
아리송한 사연도 가지가지

아프지 않고 걸을 수 있으면 건강하고
슬프지 않고 배우며 시를 쓰면 행복하고
황혼의 멋진 삶 언제나 만날 수 있는 친구뿐

산에서 매일 새벽 운동하는 보석 같은 사람들
스치는 인연의 소중함을 깨닫고
모임에도 배움터에도 부지런히 나가고
쉼 없이 노년을 무소의 뿔처럼 나아가리라

벽화마을 시댁

첫 친정 갈 때 큰 도랑은 고무신 버선 벗어들고
냇물 건너 신작로 자갈길 발바닥 아프도록 걸었고
버스를 몇 번 갈아타고 가고 마비정 돌아올 때
오르막에선 택시 내려 뒤에서 밀고 올라가야 했네

옹기종기 모인 노란 초가집 돌담길
그 유명한 벽화마을 시댁 콩밭
긴 고랑 매다 허리가 다 굽고 콩밭 열무 잘 자라던
그 밭에서 시어머님 그리워하며

감 따다가 진드기 물려 황천 가다 온 나와 남편
밤나무 심는데 등산객 뭣하냐고 묻기에
고생을 사서 하지요, 두 노인네 들려주었지
그만 쉬시지, 딱한 표정을 짓다 가네

수하 선생답게 양 사방 줄 쳐서 오 미터 간격 땅을 파
밤나무 심으며 잘 자라 달라고 주문하는 백발 남편
오 년 지나 튼실한 밤 주렁주렁 열려
손주들과 밤 줍는 생각에 아픈 허리도 멀쩡해지네.

나라님 도깨비불

깜깜한 어둠 속
겨울비가 와 꽁꽁 언 땅
번들번들 차선 분간 못 해
마음도 갈지자로 비틀비틀

밤하늘 깜박깜박 붉은 점멸등
유독 집 주위 많은 학교
살금살금 기어 다녀도
민식이법 때문에

날아온 벌금 봉투로
주머니 다 털려 울상
우리 식구들 나라님 곳간
곱빼기로 채우는 애국자

우리나라 천지사방에 널린
나라님 도깨비불

온 국민 마음 홀려
벌벌 떨게 만들어

아이고,
백성들 반찬값
다 뺏어가는 무섭고도
무서운 CCTV

죽마고우 다섯 동창

대구에 사는 친한 친구들
강산이 여러 번 바뀔 동안 지치고
힘들 때마다 서로 위로하며 힘이 되고
하나같이 부지런한 주부로 현모양처

최선 다하며 열심히 살면서 똘똘 뭉쳐
한 친구 아들 개업한 가게 찾아가니
칠칠 생일 맞은 친구 밥값에 커피까지 쏘았네

며느리 딸기케잌 만들어 주었다며
촛불 켜고 생일 축하 노래 부르며
수다와 추억 삼매경 회포를 푸네

이솔로몬 팬클럽 가입하여 노후에
전국 큰언니로 주름잡는 친구 얘기
퇴직 후 부부 스포츠댄스팀에서
전국 경연대회 상도 탄 친구 얘기

남편이 쓰러진 안타까운 친구 사연 들으며
건강할 때 짝꿍한테 잘하며 행복하게 살자고
불꽃처럼 신나게 노년을 보내자며 자축했네

부부 준령

그 시절 쥐꼬리만 한 월급
일곱 식구 입에 풀칠하기도 바빴고
새끼들 대학 보내겠다고 적금부터 부었지

골목에 수박 사이소 참외 사이소
트럭을 몰고 와 고래고래 고함 지르면
수박은 너무 비싸 참외를 샀네

벌건 수박 사달라고 막내는 울고불고
어르고 달래다 나도 모르게
빗자루 몽댕이로 엉덩이 때리고
안쓰러워 끌어안고 펑펑 울었네

아이들 잘 먹이며 공부시키려고
겁도 없이 집 담보로 빚 얻어
서문시장 옷 장사 시작했지

아무리 추워도 추운 줄 모르고
장사해서 매일 주전부리 사다가
자식들 입에 들어가는 것 유일한 기쁨

하나같이 캠퍼스 커플로 졸업과 동시에 결혼
배필 따라 훌훌 떠나 새 둥지 만들고
빈 둥지에서 나는 길을 잃고 헤매다가

적과의 동침, 서로 눈총을 쏘며
부부 준령 넘으니, 우리에게 안 보이던
새로운 詩 세상 환하게 열려 빛나네

우얄라꼬

우얄라꼬, 세상이 이런공

교문 앞에 서슬 퍼런 규율 반장
교모와 복장 검사하면
구령을 부치면서 깍듯하게 인사

칠십 명씩 꽉 들어찬 콩나물시루
같은 교실 왁자지껄 북새통

입학생은 많고 교실은 부족해
오전 오후반 나누어 이부제수업
그 옛날 애들 얼굴은 깜둥 족제비

우얄야꼬, 세상이 이런공

이제 아이들 없어 문 닫는 학교
학생이 없어 한 반 이십 명씩 수업

남아도는 교실은 실버
어린이로 채운다나 어쩐다나

아파트마다 동네 골목마다
아이들 웃음 끊겨 적막강산

우얄라꼬, 세상이 이런공

헤매다 잡은 놈

그냥저냥 일주일 지나
숙제는 해야겠고
컴퓨터 앞에 앉아 끙끙

요냥조냥 말장난
서로 나오려는 기억 속
추억 단어들 꾹꾹 눌러 쓰면

이냥저냥 동은 트고
머릿속은 백지장
멍하니 흰 눈만 펑펑

그럭저럭 제목 정하고
고개 디미는 생각 정리
종잇장 위 가지런히 착착

그저 그렇게 시詩 한 놈
꼭 붙잡고 텃밭에서
꽃피워 열매 조롱조롱 열려라

| 해설 |

유호연지柳湖蓮池에 핀 노래

김동원 시인·평론가

| 해설 |

유호연지柳湖蓮池에 핀 노래

■ 들어가는 말 - 군자정君子亭

 청도 팔경 중의 하나인 유호연지柳湖蓮池 군자정君子亭은 참으로 아름답다. 이 정자는 무오사화로 연루되어 피란을 다니던 고성 이씨 이육李育이 유등리에 머물면서 신라지라는 못을 넓히고 연꽃을 심은 것이 그 유래이다. 군자정은 "연蓮은 화지군자자야花之君子者也, 주돈이(『애련설愛蓮說』)"에서 따온 말이다. 용각산에서 흘러온 한줄기 산이 이서면 대곡리와 칠곡리를 거쳐 소라리에서 멎는다. 그 등골에 양원리와 등 하나를 사이에 두고 너른 들과 골짜기를 끼고 유등리가 있다. 양지바른 과수원은 복숭아와 감나무가 가을 무렵 정취를 더한다. 고성 이씨의 집성촌으로 입향조 모헌공 이육을 향사하는 원산재, 추원재, 유호재가 현존한다. 모헌공은 일찍이 점필제 김종직金宗直(1431~1492) 문하에 나아가 성리학에 근거한 효제충신孝弟忠信의 실천 도학의 학문을 익혔다. 그러나 사림파 숙청의 피바람을 몰고 온 무오사화(1496, 연산군 4년)로

백형 쌍매당雙梅堂 이윤은 거제도로, 중형 망헌忘軒 이주는 진도로 유배되었다. 연산군의 어머니 폐비 윤씨의 보복을 위해 일으킨 갑자사화(1504, 연산군 10년) 때는, 진도에서 제주도로 이배된 망헌이 참형되고, 부모는 부관참시를 당하는 큰 화를 입게 된다. 멸문지화를 당한 이육은 세상의 뜻을 버리고 안동을 거쳐 청도 화양읍 유등리에 은거하였다. 이후, 모헌공은 군자정을 지어 때때로 시정詩情을 나누기도 하고 때로는 후진들에게 글을 가르치면서, 유유자적한 여생을 보냈다. 당시에 남긴 시문詩文이 많았을 것이나, 거듭된 병화 오랜 세월 동안에 지금은 유작遺作이 전하지 않는다. 공公이 돌아가고 세월이 흐른 뒤, 일제 강점기인 1919년 12월 고을 유림 373명이 모여 공을 추모하는 마음으로 강학계講學契를 창계하였다. 강학계는 경전 독송과 한시 시회, 유림 간의 친목 도모와 학문을 연구하는 순순 민간단체이다. 6·25 동란 등 험난한 세파 속에서도 백 년간 한번도 빠짐없이 매년 음력 8월 18일 개최되었다. 정말 후세의 놀라운 귀감이 아닐 수 없다. 이현동 시인은 모헌공 이육李育의 직계 후손이다.

나는 유월 여름비가 오면 꼭 군자정을 한번 둘러보곤 한다. 분홍 연꽃은 아리따운 여인 같다. 그 붉게 솟아오른 꽃대는 얼마나 허리선이 고운가. 처염상정處染常淨이라 하였던가. 더러운 곳에 머물더라도 항상 깨끗함을 잃지 않아야 한다. 그렇다. 연꽃은 진흙에서 나왔어도 더러움에 물들지 않고, 맑은 물결에 씻겨도 요염하지 않으며, 속은 비고 겉은 곧고, 함부로 만질 수도 없다. 그만큼 순결하고 고고하다. 이현동 시인을 처음 뵈었을 때 예사 분이 아니란 생각을 하였다. 조선 반가班家의 안방 마님 같은 기품이 서려 있었다. 이번 그녀의 시 「유등지 군자정」을 읽다가 깜짝 놀랐다. 그 운치가 있는 정자에서 조부로부터 소학과 논어를 배웠다니, 새삼 고개가 끄덕여졌다.

여름 소나비 피해 군자정에서
그 옛날 조부님께 소학 들었네

날아갈 듯 날개 펼친 명구들
처마 끝 떨어지는 빗소리처럼 좋았지

우렁이 굼실대는 물 위
소금쟁이 논어를 읽고

물잠자리 범나비
나 잡아 봐라 춤을 추었네

흰 모시 바지저고리 부채 흔들며

동네 할아버지 호패 삼매경

난간에 턱 괴고 앉아 연잎 가득 고인 빗물
그 꽃대에 말간 시를 쓰던 소녀

달빛 내려오는 그 밤
연꽃 향기에 취해 싱숭생숭하던 마음

꿈과 아름다운 추억 가득 담긴
친정 동네 아련한 연꽃마을
　　　　　　　　　―「유등지 군자정」 전문

　하늘에서 내려오는 빗물이 연잎과 꽃봉오리에 떨어지는 구경은, 참으로 시적이다. 못 둘레 시비에 적힌 시를 읊조리면 그 흥얼거리는 맛도 그만이다. 원관교遠觀橋를 지나 일감문一鑑門을 통과해 군자정에 이르면, 유등지를 배경으로 정자의 위풍은 드높고 당당하다. 소녀 이현동은 "여름 소낙비 피해 군자정에서/ 그 옛날 조부님께 소학"을 들었다. 아마도 소녀는 그곳에서 "집안을 청소하고 손님을 응대하며, 집에서는 부모에게 효도하고, 형제간에 우애가 있고, 밖에 나가면 어른들을 공경하"라는 소학을 배웠을 것이다. 그리고 힘이 남으면 "시를 외우고, 건전한 노래를 부르고 춤을 추며" 예법에 어긋나지 않게 놀 것을 새겼을 것이다. 감수성이 예민한 소녀에게

"날아갈 듯 날개 펼친 명구들"은 "처마 끝 떨어지는 빗소리처럼" 좋았나 보다. 지금도 유호연지에는 "우렁이 꿈실대는 물 위"에 "소금쟁이 논어를 읽고/ 물잠자리 범나비" 날아와 "춤을" 춘다. "난간에 턱 괴고 앉아 연잎 가득 고인 빗물"을 쳐다보며, "꽃대"에 시를 쓰는 소녀 이현동은 순수하다. 이런 "친정"에서 산 여인들이 얼마나 될까. 그녀 시의 자취는 한국의 전형적인 반가의 모습에서 태어났다.

■ 내리사랑

시를 따라가다 보면, 그 사람의 내력이 고스란히 행간에 찍혀있는 놀라운 발견을 한다. 가문의 이야기, 가족들의 소소한 관계, 아무에게도 밝힐 수 없는 무의식의 이미지까지, 행과 연 사이에는 복잡하게 얽혀있다. '손아랫사람이 손윗사람을 사랑'하는 것을 치사랑이라고 한다면, 내리사랑은 '손윗사람이 손아랫사람을 사랑'하는 것을 일컫는다. 전자는 부모가 자녀를 사랑하는 것이고, 후자는 자녀가 부모를 사랑하는 마음이다. 윗사람이 아랫사람을 사랑하기는 쉬워도, 아랫사람이 윗사람을 사랑하기는 어렵다. 이번 이현동의 시편에는 친정 조모와 어머니의 이야기가 서럽게 그려져 있다.

「쪽진 그리운 울 할매」는, 소녀 이현동의 가슴속에 조모의 사랑이 얼마나 곡진했는지 잘 나타나 있다. 「솟을 대문」은 반가의 처녀가 지켜야 할, 조모와 어머니의 훈육이 형상화되어 있다. 한편 「사랑을 전하는 손」은 삼대의 내리사랑이 얼마나 따뜻하고 화목한지, 한 폭의 풍속화를 보는 것 같다.

>할머니는 내가 어릴 때 배가 아프면
>할매손 약손이다! 할매손이 약손이다!
>살살 문지르면 거짓말처럼 아픈 배가 나았다
>
>나도 손주들이 어디 아프다고 하면
>할매손 약손 하며 입으로
>호호 불면서 살살 문질러 준다
>
>사랑스러운 녀석들 만날 때마다 발 마사지
>온몸 만지고 두드리기, 침대 위에서 엎어치기 메치기
>까르르 하르르 웃고 북새통 이루는데,
>이제는 다 자라 서로 바빠 만나기도 힘들다
>
>대구에 사는 큰아들 덕분에 손주 보고 싶으면
>우리가 가서 두 손녀 간지럼 태워주고,
>막내 손자 품에 안아주면 웃고 난리다
>
>가을걷이 김장이 끝나면 친정어머니
>손뜨개로 내 스웨터를 짜 주시고

작아진 스웨터는 여동생들 차지

겨울이면 나도 TV 앞에서 아이들 스웨터 짜고
거위 털에 순모 방한복도 많지만,
옛날엔 손뜨개로 두툼하게 짠 스웨터가 최고였다

손주들 어루만지며 사랑을 전하던 손
이제 우리 자손 위해 기도하는 손

― 「사랑을 전하는 손」 전문

「사랑을 전하는 손」은 소녀 이현동이 "배가 아프면/ 할매손 약손이다! 할매손이 약손이다!/ 살살 문지르면 거짓말처럼 아픈 배가 나았"던 조모와의 추억에서 시작한다. 그녀의 시에서는 돌아가신 조모님 얘기만 나오면, 행간에 이슬이 촉촉이 맺힌다. 자신의 늙어가는 모습과 겹쳐 오버랩되기 때문일 것이다. 이 시 또한 전통 서정시의 덕목이 그대로 살아있다. 지금은 할머니가 된 그녀 역시 "사랑스러운" 손주 손녀를 "만날 때마다 발 마사지/ 온몸 만지고 두드리기, 침대 위에서 엎어치기 메치기" 놀이를 하며 "까르르 하르르 웃고 북새통 이루는"가 보다. 그렇겠다. 팔순에 손주 자랑 손녀 자랑 빼면, 인생에 무슨 큰 낙이 있을쏜가. "막내 손자 품에 안"아주면 "웃고 난리"를 피우며 재롱을 떠는가 보다. 「사랑을 전하는 손」을 읊조리고 있으면, 현대 사회의 핵가족 제도가 얼마나 허방한지를 깨닫게 된다. 그녀의 "친정어머니" 역시 손뜨개로" 딸(이현동)의 "스웨터를 짜 주"셨나 보다. 추운 겨울에 엄마가 "두툼하게 짠 스웨터"야말로 "최고였"을 것이다. 조모, 친정어머니, 딸, 그리고 대대로 이어가는 손녀 손자와의 내리사랑은, 뿌리 깊은 유교의 효 사상에 닿아 있다. 이 시는 또, 전 시대의 어머니들의 자식 사랑과 아픈 곡절을 시로 아로새겼다. 힘든 것 마다하지 않고 온갖 집안일 거침없이 척척 해대던, 그 위대한 모성을 노래하였다. 오직 자식 잘되기만을 바라는 근대 한국 여인들의 질박한 모습이 흑백 사진처럼 귀하기만 하다.

■ 부부 세레나데

세레나데는 17세기~18세기 이탈리아에서 기원했으며, 원래는 집 밖에서 치르던 파티를 위한 가벼운 연주곡이었으나, 시간이 지나면서 연주회용 악곡이 되었다. 세레나데는 프랑스어로 '저녁의 음악'이라는 뜻이다. 밤에 사랑하는 사람의 집 창에서 고백하기 위해 부르는 노래다. 한국인이 좋아하는 세레나데는 '애수의 소야곡'(가수 남인수)이 유명하다. 소야곡小夜曲은 세레나데를 한사토 번역한 말이다. 이현동의 「부부 세레나데」는, "티격태격 토닥대"는 부부의 사랑 노래이다. 그녀의 사랑은 추억의 방식으로 묘사하고 있으며, 개인적 서정시로 분류된다. 부부의 성격은 확연히 다르나, 사랑의 아름다운 무늬만큼은 결이 같다. 다투면서도 서로의 마음 창 아래에서 행복의 세레나데를 부른다.

> 둘이 티격태격 토닥대다가
> 서로 마음은 조개가 되어
> 수년을 잃어버린 나를 찾아
> 구만리 창공을 날아오르며,
> 솜사탕 같은 뭉게구름이 되네
>
> 반백 년 함께한 천생연분
> 난리 블루스는 아직도 신나게 고고
> 버렸다간 주워 담아 비비고
> 다시 맛깔나게 버무리며,
> 끝없이 삶의 행간 갇혀 헤맬 때
>
> 천둥 번개 휘몰아치는 환희
> 짝꿍의 등단 소식에 완전 무장해제
> 고난이 축복 성령으로 하나 되어
> 축복 속 함께 부르는 부부 세레나데
>
> ―「부부 세레나데」 전문

이번 『오동나무, 연꽃 품다』 시집에 가장 잘 어울리는 「부부 세레나데」는, 54년간 결혼 생활을 영위하면서, 남편과 아내가 겯고 튼 '사랑싸움'을 형상화하였다. 남자의 가장 큰 기쁨은 사랑스런 아내일 것이다.

　부부 사이는 공감과 소통이 중요하다. 아무리 재산이 많아도 마음이 고약하면, 좋은 남자는 아닐 것이다. 가장 잘 아는 사람이 '부부'일 것 같지만, 대판거리를 하고 나면, 전혀 다른 남녀의 모습에 놀라곤 한다. 그녀 시집살이 역시 "어른 모시고 일곱 식구/ 밥하느라 손끝에 물마를 날 없"(「장맛비」)었다. 4남매 다 결혼시키고 팔순에 돌아보니, "장맛비에 질척거리는" 그 어두운 세월을 어떻게 견뎌냈는지 아득하기만 하다. 당시에는 못 견디게 힘들었지만, 돌아보니 모든 추억이 꿈만 같다. "잃어버린 나를 찾아" 한때는 방황도 하였지만, "반백 년 함께한 천생연분"으로, 지금은 "축복 성령"으로 고마워한다. 부부끼리 나란히 "등단"하여 시인의 관冠도 쓰고, "천둥번개"도 지나가고, 오직 여생은 행복한 천국행뿐이다. 그런 연유로 "축복 속 함께 부르는 부부 세레나데"는, 그녀에게 기쁘지 않을 수가 없다. 젊은 날 아내는 남편에게 여주인이며, 중년의 남편에게는 친구, 늙은 남편에게는 간호부이다. 인생의 노을이 오면, 서로 기댈 수 있는 '부부'가 얼마나 귀한지 알게 된다.

■ 나가면서

　연꽃이 핀 고향 유등지에서 이현동은, 결혼하기 전까지 처녀 시절을 보냈다. 비슬산 참꽃이 지면 벚꽃이 피고, 봄비가 내리면 온통 청도는 복사꽃 천지다. 유월 뻐꾸기 소리와 가난한 달빛은, 그녀 서정시의 그늘이 되었다. 일찍 결혼하여 자식들 뒷바라지를 위해, 자신의 삶은 가꾸지 못했다. 모두 결혼해 새 보금자리에서 행복하게 사는 자식들이야말로, 그녀가 쓴 가장 아름다운 명시일 것이다. 그러나, 한동안 그녀도 빈둥지증후군에 괴로워했다. 황혼의 우울은 소녀 때 접어둔 시를, 다시 떠올리게 된 분기점이다. 주변 벗들과 함께 시와 시 낭송을 배우며, 몇 년간 그녀는 정신없이 뛰어다녔다. 시는 그녀의 가슴속에 뭉친 어떤 울분 같은 것을 꺼내 주었다. 밤새도록 시어를 매만지며, 언어의 유희 같은 재미도 느꼈다. 속을 다 까발리다 보면, 막힌 명치가 후련하였다. 시인으로 등단한 이현동은, 요즘 시에 푹 빠져 산다.

이기 뭐꼬?

우짜다가
만났다 아이가

재밌떠나?

재미는 있는데
알 둥 말 둥 한 기라

좋터나?

좋킨 한데
맨날 제자리 곰배 아이가

우얄라꼬?

돌고 돌다 파고 또 파면
봄 한 놈은 안 나오것나

— 「시詩」 전문

　이번 이현동의 시편에서, 가장 절창은 사투리로 쓴 「시詩」이다. 그녀는 밤낮으로 시에게 질문한다. "이기 뭐꼬", 이 말은 자신의 내면을 향한 성찰처럼 느껴진다. 마치, 성경의 '마음이 가난한 사람'에게만 들리는, 기도의 말씀처럼 들린다. 아무리 살아봐도 인생은 해답이 없다. 저마다 사는 방법이 다르고 가는 길도 다르다. 그냥 조용히 모른 척 지나가면 된다. 아등바등 살 일도 아니다. 그녀처럼 "우짜다가" 시를 만나면, "재미"있게 놀다 가면 된다. 무슨 공부든 "알 둥 말 둥" 할 때가 제일 좋은 "기라". 자고 나면 까먹고, 돌아서면 버려야 하는 것이 인생이듯, 시 역시 "맨날 제자리 곰배"인 것이다. 그러나 쓰는 동안은 "파고 또 파"야 하는 것이, 시라는 놈이다. 시는 천지만물이 준 기물奇物이다. 끈질기게 물고 늘어지다 보면 "한 놈"은 꼭 걸리는 거라! 그 맛에 죽을 둥 살 둥 시를 쓴다.

  이 밖에도 그녀의 이번 시집 『오동나무, 연꽃 품다』 속엔 멋진 시들이 즐비하다. 그녀의 시의 물감을 모두 섞으면 흰색이 된다. 서럽고 고운 꽃빛이 된다. 그녀의 시편은 시로써 세상 읽기이다. 자연을 하나의 '인생길'로 본다. 흙과 구름과 바람은 그녀 서정에 무수한 영감을 주었다. 그녀의 시어를 만지면, 그 감촉과 시어의 향기가 속삭인다. 자신만의 색채로 스스로의 영혼에 물을 들인다. 마치 소녀가 도화지 위에서 마구 황칠하며 노는, 어떤 무한 자유가 느껴진다. 특히 「빈손」은 백미이다. "지나온 서리 길 돌아가고 싶지 않"는 것이 생의 그늘이듯, 인간은 모두 빈손으로 왔다 빈손으로 떠난다. "무엇을 위해 누구를 위해" 살 일이 아니다. 무소의 뿔처럼 혼자 가는 것이 삶이다.

  이현동은 "뒷산"에 늘어나는 "새 무덤"을 직시하라고 외친다. 그리고 바삐 살지 말고, 서로 "사랑하라 사랑하라" 외친다. "아름다운 황혼에 물든 단풍"처럼, 저마다 잎이 떨어지기 전에 기도하라고 권한다. '하나님' 앞에 꿇어앉아 축복의 은혜를 받을 것을 일깨운다. 하여, 이번 이현동의 시편은, 따뜻한 가족애와 고향, 그리운 사람들에게 보내는 성령의 기도로 정의된다.